오늘에 충실하다

Carpe Diem

-카르페디엠

송 다 인 시집

도서출판 청옥문학사

자 서

우리들의 미래는
후손들의 저력이다
아, 대한민국의 청년아
눈앞에 펼쳐진 명성들...
대한민국의 이름을 빛내는
수많은 우리 겨레들...
88올림픽의 함성들...
힘찬 굴렁쇠의 파장이 흐른다
~대~한~민~국
네 박자소리 들린다
먹지 않아도 배가 부르다
놀고 있어도 신바람이 난다
모두 다 맡은 바 임무를
충실히 한 근면 때문이다
피 땀 흘려 가르친
우리 부모님들 덕분이다
저마다의 타고난 재주에
방방곡곡 숨은 노력들이
인내의 피륙을 짠 덕분이다

오늘은 무엇을 해 먹이지...
오늘은 무엇으로 기쁨을 주지...
손발이 다 닳도록
허리가 다 휘어지도록
오직 자식들 뒷바라지에
당신들의 삶을
송두리째 헌납한
위대하신 우리 부모님들께
먼저 이 시집을 바친다.

'오늘에 충실하다'

2014년 봄날

시인 송 다 인

●● 목 차

제 1 부

내 안의 파랑새

제 2 부

아름다운 유산

제 3 부

깊어가는 생애

제 4 부

소통과 상생

해 설

제 1 부

내 안의 파랑새

희망

희망은 민들레 홀씨다
척박한 땅에 내려앉아서
한 줌 새싹을 틔우기 위해
설레임의 꿈을 펼치면서도
끊임없이 출렁거리는 맹세이다

희망은 꺼지지 않는 불씨다
정을 나눈 사람들의 가슴속에
훈훈한 향기로 스며들면서
그 사랑을 위하여
피워 올리는 불꽃이다

희망은 기적이다
숨을 멈추려는 그 순간에
한 모금의 물조차 넘길 수 없으면서도
그 어떤 미련을 꼭 끌어안으면서
깜빡 깜빡거리는 점멸등이다.

인생은

삶을 되돌아보는
여유로운 흔적이다
가만히 빨려드는
품속의 명상이다
날 훔쳐보는
반성의 순간이다
날 어루만지는
당신의 속삭임이다
청춘을 되돌리는
후회 없는 준비다
매순간 사랑해야하는
아쉬운 몸부림이다
상처를 보듬어주는
따사로운 배려다
황혼에 머무는
회귀의 간이역이다
모든 게 사라져버리는
분명한 진리이다.

사랑은 베개다

한 여인이
꿀잠을 잘 수 있다는 것은
베개에 사랑이
배어 있기 때문이다
당신이 나를
사랑한다는
그 사실 하나만으로
여인은 긴장의 끈을
탁 놓아버리고
날 온전히
맡길 수 있기 때문이다
당신 베개가
내 것이 된 이후로
나는 당신의
깃털이 되고 있다.

옛 친구

나는 너의
너는 나의
보물 같은 친구
멀리 있어도
만나지 않아도
항상 마음에
머물러 있는 친구

잘 지내느냐

전송된 문자에
벙긋이 웃는 친구
나의 아픔이 되어주고
나의 기쁨이 되어주고
너의 축복이 되어주고
너의 미래가 되어주고.

詩를 쓰는 이유가 뭐니

죽지 않는
영원의 詩가 쓰고 싶니
아침 안개를 헤치고
떠나고 싶니
메마른 가슴
강물에 띄워 보내고 싶니
가슴 시리운 그리움
감추고 싶니
풋풋한 청춘을
모방하고 싶니
장미 꽃잎마다
켜켜이 접목하고 싶니
너의 침묵
그 숨죽인 숲속에 머물고 싶니
꿈속에서
너를 보려 기웃거리니
역경 앞에서도
너를 떠올리고 싶니
네 영혼의
꽃비가 되고 싶니
명주 실오리처럼
엉키고 성키고 싶니

모처럼
너를 보러 다듬고 싶니
너를 보면
왜 잔솔가지만 늘어놓니
너를 보면
할 말 다 못하고 돌아서고 있니
아무 일도 없었다는 듯이
훌훌 털고 싶니.

*2012, 10. 17. 크리스천 경남신문 연재

백설의 호미곶

호미곶 해맞이
소망의 길목에서
덤으로 눈 덮인 산야를 밟는다

때 묻은 삶을 거부하려는 듯
고요한 백설은 눈이 부시다
사박사박 눈밭 속으로
어른 아해들 웃음꽃 피우다

뽀오얀 속살에 발 도장 찍으며
쪽빛 바다로 내려가는데
백설의 산야는 어깨를 떠다밀며
원시 바다로 떠나라한다

백설은 세상을 잠재우고
짙푸른 바다는
호미곶을 뒤흔든다
저 청동 바다에 누워
과메기 추억을 삼키는
빛과 파도의 축제를 본다.

초저녁 부전역에서
동해남부선을 타다

詩가 살아 숨 쉬는 부전 역에서
난생처음 집으로 가는 기차를 타던 날
해운대 광활한 바다와 하늘 한데 어울려
수평선 낭자한 저 핏빛 노을 속으로
기차를 타고서 걸어 들어간다
칙칙폭폭 뚜뚜뚜뚜 흩날리면서
마치 붉은 사랑을 다 쏟아 붓고서
서서히 침몰하는 자신을 보라한다
저 유혹의 눈빛이 손짓하고 있는
우리네 한 평생이 휴식을 취한다
앞으로 살아갈 날들을 위해
기차는 편히 쉬다 가라고 한다
뜬 구름 베개 삼아 적시던 노을이
하늘 가득 꽃불을 피워 올린다
시작과 끝이 공존하는 수레바퀴처럼
살다보니 결국은 제자리걸음이 듯
뜨거운 심장이 수면에 잠식된다
기차는 날 무등을 태우더니
눈 깜짝할 사이
송정바다 연화리 대변항을 스친다

내일 아침 출근을 위해
수평선에 흠뻑 얼굴을 씻는다.
척척척척
칙칙칙칙
미지의 세상 속으로… .

여름 산의 오페라

전혀 미동도 없는 것 같은 산
창문을 활짝 열어 제켜라
하늘 향해 쭉쭉 뻗은
짙푸른 소나무 숲 사이사이로
무리지어 살랑대는 춤사위들
태양은 온통 내리비치고
바람은 살살 스치우고
새소리는 연이어 운을 띄우고
청아한 울음소리 그치질 않는구나

뻐꾹 뻐꾸기 추임새 놓으면
삐약삐약 산새들 온 산에 스며들어
산바람 지휘봉 흔들어 가면서
삼라만상에 수신을 보내는구나

청초한 여름 산이 지금 내 앞에서
우수수 세월의 급행열차 휘날리며
저토록 분주한 줄 모르고 살았구나

오늘 아니면 내일 해야지
보고픈 사람들은 그 언제 만나지

미루고 미루다 떠나버린 미련들
끊임없이 부지런히 손짓하는구나

여름 산처럼 살아가야지
뚜벅뚜벅 내 발걸음의 향방이
어느새 너를 찾아가는구나.

사랑하는 것과 사랑받는 것

사랑하는 것은
언제나
사랑한다는 말을 하면서
그 사랑을 위해
최선을 다해야한다
내 맘을 다하여
그 사랑을 돌보면서
당신 곁에
항상 내가 있고
내 곁에
항상 당신이 있다는 것이다
사랑받는 것은
서로를 알아 가는데
오랜 시간이
걸린다는 것을 안다
그 사랑을 위해
내가 할 수 있는 일에
최선을 다 하다보면
반응을 하지 않던
무심한 당신이
내 곁에서 웃고 있고
당신 곁에
내가 살아있다는 것이다.

억겁의 인연

무엇이든 다 된다며
다 할 수 있다면서
용기를 심어주시던 아버지의 음성이
당신 속에 흥건히 머물러 있다
침묵 속에서도 연결되는 인간관계
설레임의 파도를 타고 넘실거리고 있다
모래밭의 괭이갈매기처럼 도란도란거리고 있다
다시 탄생하는 순간이 내게로 다가 와
홀연히 치솟는 물새 떼의 비상으로
튕기는 은빛 물보라 눈부신 희망으로
흘러만 가는 세월이 되돌아오고 있다

저 광활한 수평선너머 질주하는 환희로
내 안의 파랑새
눈이 부신 사랑새
삶의 걸망 쪽배에 실어 보내고
하염없이 가만히 기대어 앉으니
내 뺨에 와 닿는 향수
누가 먼저랄까 옷깃을 붙드는데
감지해변 몽돌의 따스한 젖가슴

만지작거리던 내 눈 속으로
풍덩 빠져버리는 고향바다는
도의적으로 촬영을 거부하면서도
억겁의 인연을 싹틔우고 있다.

가을에

날씨가
코스모스처럼
정오를 살랑거린다

풋풋한 그리움이
도도한 강물처럼
세월을 실어 나른다

고향바다가 숨 쉬는
내 가슴의 담벼락으로
시위를 당긴다

청춘의 무등을 타고
그대, 배려의 언덕으로
꿈은 떠난다

그리움이
잊혀 지지 않는
희망의 활화산
말 없는 단풍이
아우성을 지른다.

애인

그대는

봄바람타고

쉼 없이 달려 와

나를 보았다

나는

꽃바람타고

꽃잎 되어 우수수수

그대를 적셨다

사랑은

설레임을 타고

나비 되어 살랑살랑

봄 길을 나섰다.

다시 찾은 소쇄원

훨훨 낙엽 벗은 허심으로
가을의 대나무 숲 다시 찾으니
밀물 쳐 오는 젊음보다 진한
댓잎 사각거리는 소리
청량함 가슴 가득
저 먼 기다림의 세월 속
손 흔드는 하늘을 본다
계곡물 콸콸 간곳이 없고
가야금 풍류도 간 곳이 없다
옛 시인의 고향이 좋아
詩 한 수 읊고 술 한 잔 마시고
지금 그 정자에 걸터앉으니
오락가락 가랑비 사이사이로
무채색 나뭇결 옛사랑들이
로댕의 주제 없는 돌이 되어
죽향의 애무에 가슴팍을 내밀며
너럭바위 위 춤추던 임 그리며
미련의 발길 되돌리지 못함은
풋풋한 조상의 숨결 때문인가
잊지못할 그대의 숨결 때문인가.

담장이

말없이 돌담길 돌아 나와
도심의 담벼락 기어올라
거침없이 행진하는
춤추는 생명력이다

파아란 잎사귀들의 반란
바람 불면 바람 부는 대로
비오면 비오는 대로
낙엽 지면 낙엽 지는 대로
함께 걸어가고픈
좋은 만남이다

가는 발길 멈추게 하는
반짝이는 내일의 찬란함
꼬막손 새끼 담장이 가만히
부모 형제 손깍지 끼며
거친 세상 떠 받들려는
숨죽인 가르침이다

회색빛 도시의 희망
네 치마폭에다 날 감싸며
네 그림자로 날 덮어주며
평생을 의지하는
다정한 부채손이다.

신안 천일염의 눈물

원시의 섬 신안 앞바다 도초
맑은 바다와 붉은 태양과
하늘과 부지런한 사람들이
쉴 새 없이 만들어 낸
신안천일염이 또 부쳐왔다
너무 귀한 소금이기에 값지게 먹어야만 했다
가열한 냄비에 천일염을 넣고
유리 뚜껑을 닫고 기다리는데
천일염들은 서로 마구 부딪히면서
마지막 증기까지 뽑아 올리더니
장작을 태우고 있었다
따다다닥 따다다닥 딱딱
작열하는 태양아래 사람들 생존을 위해
그토록 아우성을 질러대면서
청춘을 불태우고 있었다
만인에게 보시하는 선물
그것은 천연미네랄의 보고였다
투명한 이슬방울들이
송글송글 맺혀있었다
박쥐처럼 거꾸로 매달려서도
한 방울도 떨어뜨리지 않았다
참 이슬의 부지런한 결정체들 앞에서

난 할 말을 잃었다
이른 새벽에 잠이 깨어
나무주걱으로 볶고 또 볶으면서
유리 뚜껑을 또 닫으면서
마지막까지 골수를 만들어 낸
그 위대한 하늘의 선물 앞에서
염전 밭의 줄기찬
인내의 땀방울들을 보라
까아만 사람들의
하아얀 피눈물을 보라

살아가기 위한 끝없는 투혼
신안 천일염의 눈물을 보았다.

채움 그 사랑의 날개로

떠나고 싶다 나는
훨훨 숲이 되고
숲은 달빛 젖은 강江이 되고
강江은 밤하늘의 하룻밤이 되고
하룻밤은 그리움이 되고
그리움은 소쩍새가 되고
소쩍새는 고독이 되고
고독은 휘파람새가 되고
휘파람새는 이명이 되고
이명은 노을이 되고
노을은 당신 옆자리가 되고
당신 옆자리는 일등석이 되고
일등석은 배려의 물결이 되고
배려의 물결은 그대로 전이가 되고
전이는 입맞춤이 되고
입맞춤은 첫 키스가 되고
첫 키스는 전율이 되고
전율은 새벽 열차를 타고
새벽열차는 질주가 되고
질주는 두려움이 되고
두려움은 기다림이 되고
기다림은 숙제가 되고
숙제는 내 인생을 채우고
채움 그 사랑의 날개로
여행을 떠난다.

고독

더운 여름을 벗어던지고
가을의 문턱에 마중 나와
우거진 수풀 창공을 향해
미련을 흩날리는 휘파람새
휘이익 휘리릭 휘파람 불며
삼라만상에 수신을 보낸다

산바람 타고서 고공하는 저 울림
임이 그리워 우지지는 소리인지
허기에 지친 서글픔인지
자식을 떠나보낸 아픔인지
끈질긴 억겁의 고뇌 속
고독을 달래는 한숨소리 듣는다

무의식의 세계와 의식의 세계에서
온산을 휘젓고 사라지는 나부낌
상처와 좌절 모두 털어버리듯
내 귓가에 머무르는 교감
잠 못 이루는 밤이
새들에게도 있다
내면을 성찰하는 삶의 편린들
적막 속에 갇혀 눈을 감는다.

오월의 장미

나는 느낀다
바람결에 살랑거리는
잎의 나라 숨결
휘영청 눈부심의 진동을

나는 듣는다
은밀한 가슴에 다가와서
귀 기울이는 속삭임
짙푸른 잎맥과 가시의 함성을

나는 맡는다
검붉게 흩어지며
공허한 그리움 속의 향기
내 안에 감추어진 꿈꾸는 일탈을

나는 품는다
그대들 서로 의지하며
양보와 배려의 진동
눈빛에 어리는 삶의 동행을

나는 배운다
켜켜이 숨겨져 있는
충실함의 옥탑 방
더불어 깍지 낀 연리지의 사랑을.

나는 안다

네가 진정 무엇을 원하는지
아무 말 하지 않아도
전화 한 통화 없어도
지극히 날 배려하고 있다는 사실을
자신이 좋아하는 걸 하면서 견디고
너를 위해 고된 삶이 웃고 있고
오늘도 다람쥐 쳇바퀴처럼
살아가야만 하는
정신없는 일상 속에서
이미 나는 알고 있기에
진정 너를 아끼는 것이다
그 이상 무엇을 바라는가
고이 접어두고 싶은 마음
그리워도 인내하며
문자 한 줄도 소중히
그렇게 미루면서
만나지 않고 있다는 것은
그대를 위함이다
바로 나를 위함이다
너를 처음 만나던
그 기적 같은 순간부터
내 발걸음은 힘차게 나아가

분명 생동하고 있기에
기다림은 배려가 되고
배려는 숙제가 되고
숙제는 오늘도
내 삶을 일깨우는
희망이 된다는 사실을
네가 진정 무엇을 원하는지
내가 진정 무엇을 원하는지
나는 안다.

그대의 4계절

봄이 오면
연녹색 그대 살랑대니
강변에 오면
그대 빛나리니

여름이 오면
은빛 그대 물결치리
해변에 오면
그대 맨발이리니

가을이 오면
코스모스 그대 부딪치리
낙엽이 지면
그대 흩어지리니

겨울이 오면
그대 기다리리
눈이 쌓이면
그대 눈을 밟으리

언제나 돌아서면
할 말 다 못하고

그대를 놓치니
가을 가고 겨울 오면
그대를 그리리
그대를 만나리니.

소리 없는 첫사랑

귀 막아도 윙윙 울렁이는
내 영혼에 뿌리한
소리 없는 속삭임
살아가는 그 날 까지
무시로
가슴에 잊지 못해
흠뻑 적셔진
갯바위의 초상이 되어
딱 벌어진 석류의 알갱이로
전율의 바다 빨아마셔라

인생의 절망과 허무 앞에서도
전신에 퍼붓던 소나기처럼
차마 말을 건네지 못하고
머뭇거리다 놓쳐버린
장미 꽃잎보다 아름다운
시련의 촉수가 되어버린
내 가슴 속에 뛰어 놀던 사람아
달콤한 사랑아
행여 삶이 무상하거든
설레이는 추억의 아련함 속으로
힘껏 차 버려라

태풍이 오고 또 오고
그리운 사람들은
언제쯤 만날지… .
저 돌멩이 하나
물수제비 파장에
얼굴을 붉혀라.

투시

누가
날 뚫어져라 쳐다보는 듯
스르르르
깨어났음은
새벽 반달이
저리도 환히
빤히
날 쳐다보고 있었음이라.

제 2 부

아름다운 유산

아름다운 유산 1

산새의 지저귐이
나를 깨운다
할머니라는 메아리
손사래로 부른다
손주 셋 보러가는
발걸음이 날아간다
그젠 당근 볶음밥
어젠 새알 미역국
오늘은 쑥 토장국
차가운 아침인데
가슴은 봄날이다

갈지자로 평화로운
사랑스런 강아지들
동생 배 위 형아 다리
이 순간을 즐기다
쑥쑥 커가는 새싹들
속눈썹이 유난히 긴
막둥이를 지켜본다
피식 미소 짓는 눈도장
내 가슴에 찍는다.

아름다운 유산 2

미미와 루시와 브라우니
그것은 강아지인형들 이름이다
늘 사랑의 지침서처럼
최고의 생일 선물이 되고 있다
미미를 꼭 닮은 막내 귀염둥이
둘째가 좋아하는 깜둥이 루시
동생들을 잘 돌보는 첫째 브라우니
마치 자신들의 네임인양
서로 주고받는 위로의 창이다
사랑 가득 껴안고 있다
양팔 감싸며 끌어안는
로댕의 입맞춤이다
고운 살결 부비는 애무이다
그 끝없는 애정의 숨결
저절로 순한 양이 되고 있다
그것은 원초적 본능을 자극하고 있다
그것은 엄마의 품속으로 달려오는 아가이다
그것은 마주보며 눈 맞추는 인형극이다
그것은 말을 할 순 없어도 말하고 있다
그것은 풋풋한 기러기 울음소리이다
그것은 그리운 엄마의 젖무덤이다
그것은 소꿉장난 산랑 각시 추억이다.

그것은 포근하고 달콤한 꿈나라이다
그것은 진주보다 더 영롱한 눈동자이다
그것은 이 세상 모두를 소유한 표정이다

아! 그대 있어
진정 행복한 세상이다.

아름다운 유산 3

나이 예순에 아이들을 키운다
먹거리 속 나날의 생활이
얼마나 소중한지 새삼 느낀다
비가 오나 눈이 오나 바람 불어도
추워도 더워도 쉴 새 없이 나른다
토끼 같은 아이 셋이 날 기다린다
'동시에 나는요 할머니의 딸이고요
할머니는 나에 할머니이고요'
둘째 여섯 살의 서툰 글씨 속에서
무한한 사랑이 피어오른다
"와! 맛있겠다."
물에 잠긴 돼지 뼈를 보고
불쑥 내뱉은 첫째의 아우성
난생 첨 먹어본 감자탕의 추억이
핥아먹던 진한 희열이 생각났기 때문이다
나는 저절로 퓨전 요리사가 된다
먹거리 속에 기쁨이 있고 슬픔이 있고
희망이 있고 웃음이 있고 배려가 있고
아침이 있고 저녁이 있고 사랑이 있다
어린이집에 다니는 막내가 대문을 들어선다
가득 찬 음식 냄새 킁킁거리더니
'맛있는 냄새' 하면서 품에 안긴다

이 외마디 소리 때문에
나는 살아 움직인다
기꺼이 살아갈 것이다
봄은 겨울에서 솟구쳐 오르듯
아이들은 먹이사슬로 솟구쳐 오른다
문득 꽃제비들이 가슴을 때린다
생활이 아무리 고되어도 나는
어느새 또다시 털고 일어나서
바쁘게 살아갈 것이다
영원히 너희들 곁에 머물고 싶다
오늘만에 충실한 바보가 된다.

엄마와 딸

진주보다 더 영롱한 네 눈동자 속으로
한 마리 새가 되어 날아가는 추억담
내게도 저토록 부푼 풍경이 있었던가
사랑 가득 껴안고 걷는 여인아
망설임과 기다림 속에서
두근거리는 생명의 길목
만삭의 배를 포옹하며 부빕니다
무통분만도 아무 소용없이
진통의 쌍곡선 끙끙거립니다
마치 삶의 시작은
삶의 종말과 평행선을 그리듯
간절한 염원이 솟구칩니다
신이 주신 소중한 인연의 끈
긴 어둠을 깨고나와
지금 이 순간
당신의 따스한 품안에 있습니다
그 무엇으로도 끊을 수 없는
자식을 품에 껴안은 여인
다시금 어머님을 불러봅니다
아무 말 하지 않아도
자식이 빠져나간 블랙홀에는
매순간마다 영원이 꿈틀댑니다

불타는 사랑이.

밥은 굶기지 않겠습니다

밥은 굶기지 않겠습니다
사십년 전 당신 맹세가
지금에 와서
딱 맞아 떨어질 줄
미처 몰랐습니다

피나는 경쟁시대
삶의 걸망 아우성 속에
가만히 있어도
그냥 밥을 먹고 있으니
그때 그 맹세가
지금에 와서
내 가슴에 얼룩질 줄
정말 몰랐습니다

홀로 자식들을 키워낸
수많은 헌신들과 희생
놀고 있어도
당신 때문에
이렇게
살아가고 있음이
항상 고맙습니다

부모님 앞에서
당당하게 애원하던
세월을 질주한
당신 모습이
지금에 와서야
이토록
내 가슴에 사무칠 줄
진정 몰랐습니다.

나눔의 카르페디엠

–오늘에 충실하다

나는 왜 생명을 떠받드는 그들 행렬에 끼이고 싶니
나는 왜 천사의 날개 그들의 그림자이고 싶니
나는 왜 너를 보면 무조건 다가가고 싶니
나는 왜 부모님시절 그 인연의 강물이고 싶니
나는 왜 먹거리를 위해 최선을 다하고 싶니
나는 왜 고운 주름살도 펴주고 싶니
나는 왜 금요일이면 너에게 달려가고 싶니
나는 왜 늘 해맑게 웃는 네 모습 닮고 싶니
나는 왜 널 만나면 형제처럼 포옹하고 싶니
나는 왜 묵묵히 사회에 환원하는 아름다움이고 싶니
나는 왜 봄날이 오면 쑥떡을 바치고 싶니
나는 왜 너를 생각하면 용솟음치는 詩가 쓰고 싶니
나는 왜 베푸는 축복 그 영롱한 눈빛이 되고 싶니
나는 왜 너를 향하면 삶의 결망이 날아가고 싶니
나는 왜 연분홍 보자기에 네 선물을 싸고 싶니
나는 왜 그들이 베푸는 문화마당에서 놀고 싶니
나는 왜 매달 고국산천을 탐방하는 산증인이 되고 싶니
나는 왜 목요일이면 독거노인들 도시락 배달이 되고 싶니
나는 왜 무료 급식소의 헌신과 봉사를 뒤따르고 싶니
나는 왜 숭고한 그들 마음결 반짝이는 배려가 되고 싶니.

봉생문화재단

독도 1

-경북 울릉군 독도 이사부길 1-69

동해 바다 시작과 끝은 하늘에 닿아 짙푸르고
저 금빛 햇살 아래 멈추지 않는 휴식
비릿한 항구의 문패 독도리
제 몸뚱이 하나 지키려고
하얗게 치대고 있다

태극기 휘날리는 얼굴 후리치며
비바람에 씻기고 파도에 할퀴어도
희망찬 새들의 무대 펄떡이는 고향 냄새
제 정열 하나 지키려고
시퍼렇게 치대고 있다

물안개 실루엣이 걷히는 순간 풍덩 빠지는 거룻배
엎드려 기다리는 동쪽 섬 태극기 망을 보는 서쪽 섬
신神이 내린 완벽한 창작물 호적에만 올려놓고
돌보지 않으면 되나요

화가는 그리고 또 그리고 글쟁이는 쓰고 또 쓰고
방송인은 취재하고 또 취재하고
아무도 넘보지 못하는 대한민국의 독도
네 박자 소리에 부딪히는 파도의 함성

임을 기다리다 지쳐서 그래도 기다리다
어이하랴 기암이 되어버린 운명이여

밑도 끝도 없이 치닫는 파도여
어제는 너를 품에 폭 안고 가더니
오늘은 새색시 치마폭에 휘감기어
혼절하는 황혼에 드러누워
임을 기다리는 천의 얼굴
독도여! 보시라요!
흙이라도 만져보러 가자구요!

*2013. 10. 10 제3회 대한민국독도문예대전 시부문 입선

독도 2

독도의 산천은 천혜의 절경을
여인의 팔색조로 반사하고 있지요

한반도에서 가장 먼저 보는 일출을
우리들은 지극히 사랑하고 있지요

보라색 안개 띠 외로운 섬 서도를
숫돌바위는 품어 안고 있지요

수줍어 엎드린 새색시 이마 동도를
독립문 바위는 살살 다독이고 있지요

괭이갈매기 도란대는 삼형제 굴바위를
파도는 후리치며 넘나들고 놀지요

당당히 치솟은 대한의 건아 탕건봉을
하늘의 흰 구름도 비껴가며 웃지요.

오카리나의 유혹

네 목소리에 촉각을 세운다
네 입술에 내 입술을 갖다댄다
나는 너를 통해 숨은 세상을 본다
가만히 눈을 감고 엿듣는다
가만히 눈을 뜨고 미소 짓는다
둥둥 내 사색은 홀연 숲속이다
알레그로 안단테 춤추는 까치
천상의 선율 속으로 빠져 들어간다
어느새 마음의 상처는 간 곳이 없다
나의 청각은 새소리와 물놀이에 머문다
나의 시각은 온통 노을빛 사랑이다
나의 감각은 너를 품은 물새가 된다
기름진 텃밭의 새싹이 된다
너와 나의 눈동자를 웃게 만든다
우정의 토끼가 시종일간 놀다간다
임이 그리워 우지 지는
황령산 휘파람새
날 언제 찾아 왔는지
그대 짐작이나 할까
투투투투 투쿠투쿠 투루투루
온통 임의 숨결이
내 안의 혼魂과 접목되더니

숨죽여 날 다독이고 있다
화음의 작은 거위 무등을 타고서
그대에게 닿고 싶다
인생의 들판에 이모작 꽃씨를 뿌린다
아름다움 투성이 그대 목소리
내 품안에 있다
마치 그대를 내가 먼저
유혹하고 있다.

안개꽃 천만 송이를 바치다

짧은 휴식 속 안개 꽃송이
천만 송이 안개꽃 받아들고서
한 남자가 곤히 잠이 든다
삶의 걸망 다 놓아버리고
아내의 끈질긴 바가지도
상사의 눈치도 안보고
동여 맨 타이도 느슨하게
혁대도 풀어 헤치고
양말도 벗어던지고
뒷목 뻐근 안개꽃 속으로
두리 두둥실 구름이 된다
아내의 품속인가
어머니의 젖무덤인가
폭신한 영남 알프스인가
앙증스런 널 끌어안고서
고놈 입상이다
남자는 황제처럼
여유롭게
자유롭게
안개꽃에 실려서
사랑스런 그대의 포로로
내내 잠들고 싶다.

청렴한 사람아

제 아무리 삶이 넉넉지 못하여도
곁눈질 않고 살아온 사람아
긴 낚싯대에 인생을 내 던져 놓고
미래를 건져 올리려 내내 애써 온 사람아
상사의 핀잔에 상처를 받으면서도
아내의 바가지에 마음이 편치 못하여도
자식들의 요구에 부담을 느끼면서도
홀로 참으며 저절로 삭힌 사람아
동여 맨 타이도 느슨히 풀지 못하고서
동동거리면서도 정도를 걸어 온 사람아
결국에는 도로 그 자리에 머물고 마는 세상
그래도 묵묵히 일하며 버텨 온 사람아
열심히 정말로 열심히 살아 온 사람아

언제 어디서나 격려에 찬 박수를 보내노라
안개꽃 천 만 송이를 바치겠노라

이제 포근한 안개꽃 향기에 싸여서
아내의 품속으로
어머니의 젖무덤 속으로
평온한 세상을 안겨 주고픈 사람아.

서귀포 칠십 리 해상유람선

와아!
나도야 한 마리 새가 되는구나
서귀포 칠십 리 해상 유람선 위
해풍은 포말에 무등을 태워
넘실넘실 파도가 되는구나
정방폭포 소나기 뿌리는 구나
섶섬 지나 은세계의 나라로
엄지 섬이 윙크를 하니
범섬이 춤을 추는 구나
끝없는 청옥 빛 세상
날 그만 유혹하려무나
벼랑 끝 돌기둥 사이사이
산천초목들 이끼처럼 드러누워
신록의 향유를 풍기는 구나
아픈 마음 훑어 내리는 구나
심장 속 잉크를 쏟아 붓는구나
발아래 하얀 눈 흩날리는 구나
삶의 걸망 휘리릭 날려버리는구나
너랑 함께 머무는 귀한 순간아
형제 섬에 미련을 두라는 구나
눈은 맑아지고 마음은 밝아지고
육신은 상큼해지는 구나

잘 있어라 서귀포 항구야
오늘은 너를 품고 흘러가지만
다시금 너를 찾아 올 때는
형제 섬의 형상으로
우리 사랑을 나누자꾸나.

오빤 강남 스타일

지금 온 세계는 들끓고 있다
말 갈퀴 휘날리며 대 평원을 마구 달리면서
온 몸으로 야망을 부르짖고 있는
말 춤과 노래 때문에
마치 생명이 약동하는 그
희망 찬 도약 때문에
오빤 대한민국의 최 강심장
강남 스타일로 말이다
여자가 S라인이라면
남자는 강인한 야생마
저 현란한 아우성을 보라
살면서 이토록 흥미로운 일이
우리들 눈앞에서 펼쳐지고 있다
절망과 무기력을 뿌리치면서
욕망의 나신을 흔들어대면서
지금 이 순간을 즐겨라 외친다
어찌 지구인들이 군침을 안 흘리며
대한민국 '싸이' 에 미치지 않을 쏘냐
어른 아해 할 것 없이 다 따라 흔든다
88올림픽 꼬마소년의 굴렁쇠
힘찬 좋은 기의 파장이 흐른다
오빤 강남 스타일 그 나비효과는

대한민국을 침묵케 하고 있다
지그시 웃고 있는 국민들의 표정 속엔
경악하는 세계인들이 이상하게 보인다
우리들의 미래는 후손들의 저력이다
피땀 흘려 가르친 부모님들 덕분이다
맡은 바 임무를 충실히 한 근면이다
눈앞에 펼쳐진 대한민국의 웅상
아! 대한민국의 네 박자소리 들린다
먹지 않아도 배가 부르다
놀고 있어도 신바람이 난다.

영도다리

갯바람 항구의 비린내를 마시며
온종일 아이처럼 서성이고 싶다
삐거덕대며 줄기차게 물구나무서서
상실의 아픔이 사무치던 영도다리
고개 들어 하늘에 외치던 그 자세
검푸른 파도에 빗발치던 아우성
늘 콩심장이 두근거리던 그대로
스스로 떠나감에 흐느껴 우는 듯
만남과 이별이 빗발치던 곳
여수 여객선 넘나들던 격정의 손수건들
바위섬 치근대던 야생의 갈매기 떼
그 서정의 밀어들이 뱃길 따라
내 볼과 목을 애무하던 청춘
바닷가에 마실 나온
그 눈부신 낭만들에
친구야, 나도 모르게 널 부르고 싶다
갯내음 맑은 숨결 그 풋풋한 얼굴들이
영도다리 난간 아래 오동나무 선착장에 앉아
첫사랑 둥둥 떠가던 내 생의 흔적들이
열 살적 팔월 벌거숭이 환상여행이
피둥피둥 달려 와 날 적시고 싶다
예순 하고도 이 만큼 더 살았으나

그래도 길 잃은 꿈 주우려 왔는가
새 생명이 늘 솟구치던 영도다리
돌아보면 어찌 잊으리
그 귓가의 여명들을
오늘따라 왜 그리 보고 싶은지
온종일 영도다리에서 서성이고 싶다.

바람의 향기가

지하철 내 곁에 앉아
불쑥 내민 명함 속에는
나랑 같은 이름이
옷깃만 스쳐도
인연이라는데
똑같은 이름이라
너와 나
문다인
송다인
서로 서로
마주보며
함박웃음이라
이어지는 인과 관계
카톡
카톡
카카오톡
멀리 떨어져 있어도
가까이서 속삭이듯
허공 속에서도
바람의 향기가.

아, 무량수전

소백산 기슭 부석사의 절 터 마당
초겨울 낙엽이 흩날리고 있었다
여고친구들과 만난 그리움
울창한 삼목이며 솔이며
무수한 세월의 가지들
절 밖은 석축들을 쌓고 또 쌓아
여러 층을 단으로 닦아 놓고서
맨 위에 무량수전을 얹어 놓았다
무량수전 앞 안양문에 올라앉으니
끝없이 겹쳐진 산과 산 능선들은
모두 다 무량수전의 품안에 있었다
그렇게 높지도 않은 절터이건만
산 뒤에 또 산 그 뒤에 또 산마루
아름다운 눈 맛의 수채화를 그리며
숭엄한 부처님의 믿음을 담으셨다
700여 년 전 예지에 찬 의상대사는
이미 이토록 아늑한 시야를 껴안은
뛰어난 안목의 그 한국인이셨다
가까이서 쓰다듬어 보는
무량수전 청정의 배흘림기둥은
너그럽고 따사로운 조상의 조각들
이끼 낀 석축들의 층층 계단 위

맨 위 꼭대기에 우뚝 선 목조 건축물
사뿐히 고개를 든 추녀의 곡선들
아, 무량수전 그윽한 역사의 사무침
보는 이의 가슴마다
모진 바람의 세월을 끌어안았다.

용머리 해안에서

머리 위서 우릴 내려다보고 있는
검붉은 바다의 속살들
초자연의 숭숭한 비밀들
한라산 용암의 이력서이다

동굴로 파고드는 파도는
편안한 휴식처에 몸을 숨기고
켜켜이 때 묻은 바위의 침묵은
무수한 파도의 몸부림이다

해풍은 구멍 뚫린 바위들 사이로
암벽의 전시장을 돌아다니고
고동색 단층에 깍지 낀 세월
용머리 해안선의 절규이다

친구들과 머무는 귀한 순간이
비경 앞에서 무르익어가고
해안선 둘레 길 파도소리는
잊혀 지지 말라는 징표이다

화산암 바위들 빈틈사이로
그래도 풀들은 듬뿍 자라나

쪽빛 바다에 나신을 드러낸 채
양들이 넘나드는 초록 포구이다

용머리 해안의 눈부신 선율들
밀물과 썰물의 은밀한 입맞춤들
삶이 무료한 그대 가슴에
콩신발 안겨 주는 풍만한 재즈다.

위대한 탄생

타고난 재주에 묵묵한 노력이
인내의 피륙을 짜고 있다
저토록 뜨거운 눈물이
희열의 바람을 삼키면서
깊은 강江을 건너고 있다
심저에서 달려 나온 배냇저고리
찢어진 파도를 넘고 있다
청년은 바다를 건너
대륙의 무대를 굽이치고 있다
이토록 시린 노래 또 있을까
온몸이 은사시나무가 되고 있다
얼마나 부르고 불러
저리도 환해지는 것일까
밤바다에 별이 흐르고
은하는 물보라처럼
바다를 마시며 부서지고 있다
너무 맑은 그대 목소리
뼛속까지 빗발치면서
팍팍한 아리랑고개를
위대하게 넘나들고 있다

아 대한민국의 청년아.

남원 목기

네 고향은 지리산이로구나
울울창창 숲속 정기 듬뿍 받고 태어난
물푸레나무와 오리나무 등걸이로구나
잔뜩 눈을 머금은 나무들이
태양과 바람과 이슬 맞으며
질은 단단하고 견고하게
결은 한결같은 곡선으로
손수 목 틀로 깎고 또 다듬어져
일일이 수작업으로 목기를 갈았구나
오늘 날 조상님 제사상의 주인공
만인의 사랑을 독차지하는구나
더운 음식은 채 식지도 않으며
찬 음식은 찬대로 유지 되는구나
천 년 전 우리 선조님들의 지혜로
소중하게 탄생된 가문의 자태로구나
따사로운 밥그릇과 국그릇에다
접시와 술잔과 숟가락과 젓가락
고고한 촛대와 향로까지
진품명품의 이름표를 쭈욱 달고서
수 십 명의 식솔을 거느린 대가족
가히 보배로운 조국의 흔적이로구나.

기장 죽성초등학교 영어 연극제

- 2013. 6. 21 -

임진왜란때 7년 동안 죽성항에 배를 정박해 놓고
수시로 죽성 주민들을 괴롭혔던 그 농어촌 마을
전교생 85명뿐인 코흘리개 아이들이
감자를 캐면서, 딸기를 따면서
해풍에 그을린 해맑은 모습으로
오늘도 몸소 체험학습을 하면서
진녹색 산등성이 아래 두둥실 구름처럼
운동장을 신나게 뛰어놀고 있었으며
호주의 자매학교와 화상 수업을 하기 시작하였다

모두모두 모여라...
기장 군청 차성 아트홀 무대 위 저녁 7시 시작
백설 공주 2명과 왕자1명은 영어로 사회를 보고 있었다

첫무대는 아장아장 유치원생들이 영어노래를 부르며
한결같이 의젓하게 흔들어대고 있었다

영어로 노래하고 모두 춤 동작에 맞추어
손과 발이 착착 움직이고 있는 무대 위
행여 부모들은 틀릴세라 조마조마하고 있는데
마치 푸른 바다의 물고기처럼
찬란히 팔딱 거리고 있었다

알아듣지 못해도 마음껏 웃고 있었고
또랑또랑한 영어발음에 대견스러웠고
엄마 아빠들은 아이들 모습을 찍느라
분주히 셔터를 눌리고 있었으며
저학년들의 '양치기 소년' 연극과
고학년들의 '맥베스' 영어 연극제
전교생이 어우러진 영어노래와 율동은
찌든 삶의 결망을 흩날리고 있었다

팔빙수가 그려진 티셔츠를 입고서
화음에 맞추어 춤추고 있는
저 현란한 꼬마 예술가가 되기까지
영어교육에다 예능을 접목한 끊임없는 가르침
그 훌륭하신 스승님들께 힘찬 박수를 보냈다
어느 외국인 학교가 부럽지 않았다

헌신적의 교육의 성과는 압권이었다.

제 3 부

깊어가는 생애

초겨울 낙엽 따라

버스를 기다리며 의자에 앉았는데
스산한 바람이 차도를 휩쓸더니
홀연히 내 눈에 스치던 빛깔
손바닥만 한 낙엽이 감쌌는데
마치 강보에 싸인 아이인 양
제 몸 사려 고이 품은 채
또르르 구르고 굴러서
내 발 아래 당도하였는데
허리를 굽혀 줍자
초록 윙크를 하면서
주인님 날 데려 가소서
콩신발 새가슴 두근거리는데
입가에 피어난 함지박 미소
글쎄
낙엽 따라 와버린 만원지폐와
숨바꼭질을 하였는데
살다보니
이런 행운도.

오늘도 우정을 마시다

티벳의 히말라야 산맥
해발 사천 미터 고산지대에서
향나무 고목에만 야생하는 이끼라네
홍설차紅雪茶 혹은 금사차金絲茶라는
귀한 차를 마시며 맡아 본다네

돈으로 살 수 없는
사유와 명상 속으로
말라 죽은 지 백년이 넘은
향나무 고목에서 자란 이끼
눈에 싸였다가 녹고
또 눈에 싸였다가 녹고
붉은 선홍빛 숨결이라네

눈을 감고서 네 모습 떠올리며
귀를 막고서 내 안의 소리 듣는 다네

전통적인 약재인 금실 같은 알갱이
이토록 귀한 차를 조금씩 뜯으면서
네 우정을 마시는 오늘도
구겨진 삶이
마냥 웃고만 있다네.

낙동강 하류에서

을숙도에서 느껴보는 나부낌
낙동강 하류에 서 있다
시원스레 펼쳐진
갈대밭 사이 길로
옛사람 정겨움 넘쳐나던 곳
모시조개 보글보글
토장국 끓는 소리
민초들의 한숨소리
늪가에 파묻히고
철새 떼
안개비 뒤덮인 마을로
인간이 슬슬 남긴 오류의 얽힘도
살갗을 비벼대며
유유히 흘러가고
서로 밀치면서 출렁대다가
부챗살 지형에 떠내려간다

강물과 바닷물 한데 어우러져
끝없이 속살대며
쉼 없이 휘돌아
어둠에도 굽이굽이
산천에 지친 강江

태백 골짜기 물은
산山을 가르며
어머니 젖가슴
마구 풀어 헤치던 곳
낙동강 하구의 어우러짐은
바로 소통과 상생
우리네 삶인 것을.

어떤 만남

네 사람의 만남은
단 둘보다 어색하지 않습니다
너와 나의 만남이 좋아
향기가 어리는 행복한 강물입니다

속내를 드러내는 네 눈빛 따라
시작과 끝을 보아주는
그윽한 배려의 물결로
마주보는 모습은 설레임입니다

함께 머무를 수 있는 여유
만나지 않아도 만나고 있습니다
사람이 사람을 좋아하는 일이
평생 흔한 일은 아니기에
어떤 맑음이 정말 좋습니다

처음 만남은 어색했으나
내가 그대를 그대가 나를
다독거리고 있음이
또 만나야하는 이유입니다

오랜 시간이 흘러가도
그리움이 누적되어도
목소리가 듣고 싶어도
아무 말 하지 않아도
이미 다 알아 채고 있습니다

서로가 서로에게
싱싱한 바람이 되고
온화한 행복이
기다림으로 다가오고 있습니다.

다대포에서

물 건너 외딴섬 다대포의 몰운대
당신의 눈길이 머물던 곳
아무도 모르게 찾고 싶어라
해초가 나뒹구는 해변에 서서
세월의 향기를 마시고 있다
더운 밤 물결소리 가슴에 안고
때로는 슬픔에
때로는 비굴함에
이따금 눈을 감고
떠올리는 바위 언덕인데
그대는 나의 세월 속
그 어디 쯤 머무는가

어둠이 짙어오는 몰운대에 서서
은세계의 눈빛으로 머물던 곳
바다로 이어지는 등대 불빛
청춘을 함께하던 포구
질척대는 인생을 마시고 있다
때로는 그리움에
때로는 한숨에
이따금 눈을 감고
떠올리는 그대 목소리
풍성한 파도를 타고 오는데
그대는 나의 세월 속
그 어디 쯤 머무는가.

가을 코스모스

코스모스가
가을 하늘가에
흐드러지게
피어오르면
수줍은 듯 살랑대는
혼불의 춤사위
눈이 부신
그 정다움 때문에
내 안에 자리하고 있는
청춘 같은 기억들이
그대의
가을을 쓰라한다

아직도 선명하게
스쳐지나가거나
날 휘감아
잊는다하고
못 잊는 이유
그대 눈빛 속에
사랑이 흐르고
내 맘을 가져가버린

조개잡이 가는 처녀
그 노래를 따라 부르는
가을 코스모스에
그대의
미소를 그리라한다.

을숙도의 낙조

낙동강 하구 둑을 하염없이
내 발길 따라
저무는 일몰풍경

저 눈부신 황금물결 속
푸드득거리며 찰나에 치솟는
동녘 눈부신 새들의 비상
허공 속의 희망찬 유희
낮잠 한 번 자는 동안
꿈속을 넘나들던
그대가 생각 나
순식간에 지나쳐버린 시간과
욕망에 얽매인 삶의 공간이
나란히 수평으로 다가서는데
어렴풋이 달려오는 그대

승천하는 순간이여
침몰하라
떠돌던 추억이여
침몰하라
을숙도의 낙조여.

겨울 서정

앙상한 겨울 산 눈이 내리면
이리저리 얽힌 가지들의 군무가
마치 서로를 의지하며 피어나는
치밀어 오르는 접목 속
연리지의 영혼 같구나

저 산 가득 하얗게 휘날리는 사리들
다랭이 논밭도 안개 낀 수채화
빛바랜 청춘을 환원하는
눈물 머금은 겨울 숲의 경이
결코 외롭지 만은 않구나

헐벗은 나무들 하나하나는
싸늘히 외로운 교감이지만
한데 품어주는 엄마의 품속에서
심장에 녹아드는 사랑 한 줌 삼키며
멀리서 훑어보는 봄꽃이로구나.

소나기

새벽마다
쏟아져 내리는 소나기
너는 열대야의 눈물이다
억수로 퍼붓는 폭포 속에서
청춘도 사랑도 두근거린다
번개의 뇌수 속을 헤엄치는
삶의 걸망 천둥소리이다
서로 쫓고 쫓기는 인생살이
그 반란의 북소리이다
끓는 머리와 육신의 땀
더운 핏줄 씻어주는
냉수마찰이다

난타의 파도소리
훨훨 뛰쳐나가고 싶다
옷을 입은 채
흠뻑 젖고 싶다
옷을 벗은 채
널 맞이하고 싶다
정확히 날
투시하고 싶다.

다시금 수변 공원에서

몇 년 만에 와보는 수변공원은
고층 빌딩 숲 화려한 불빛이
밤바다를 잠식하고 있었다
현란한 광안대교의 불빛 아래
미래를 꿈꾸는 연인들의 속삭임
상쾌한 파도소리 후리치는 해조음
사각 블록 사이 한 살림 차려 놓고
너랑 술잔 기울이던 생생한 흔적들이
스크린처럼 쏴아악 스쳐 지나는데
초장 찍어 회 한 점 입속으로
그 찰진 애정 만점의 그림들이
오늘 따라 왜 그리 그리운지
세월아 나도 모르게 흘러가 버렸느냐
아이시절 마구 치닫던 달음박질
여수 여객선 휘날리던 손수건들이
이별의 선착장을 흥건히 적시는
옛사랑의 그림자들이 우수수 수수수
예순 넘은 나이에도 쏜살같이 달려 와
돌아보면
얼른 다시 되돌아 올 것만 같아

세월아 너도 모르게 이 만큼 살았느냐.

목소리

아주 밝은 네 목소리
메마른 가슴에 피고 있어
듣고만 있어도
아득한 그리움은
문풍지의 떨림이 된다
아주 희망찬 네 목소리
온 몸에 노을이 피고 있어
듣기만하여도
허기진 사랑은
미학의 물결이 된다
아주 세심한 네 목소리
눈물이 마르게 하고 있어
들려만 주어도
젊은 사공의 닻이 된다

너의 타자는 나.

모래톱의 여인

갯내음 물씬 풍기던 밤바다
두근거림과 설레임 포개던
다대포의 모래톱
첫사랑 등대 불빛
그 그림자를 찾습니다

비틀거리며 내게 쓰러진 파도
아무 것도 무서울 게 없고
아무 것도 필요치 않던
피 끓는 젊음의 추억
낡은 목선에 기대어
미래를 수놓던 소곤거림
낄낄대며 응답하던
그 갈매기를 찾습니다

몰운대 솔밭 사이사이로
벗어던진 달빛의 책장
고요를 깨며
정처 없이 치닫던
그 파도의 터널을 찾습니다

부엉이 시계를 거꾸로 돌린 채
질식된 그리움 잠재우며
첫사랑 등을 쓰다듬던
어쩌면 먼 나라
그대 여인을 찾아갑니다.

폰 싸 폰 사

폰 싸 폰 사
저 간판 좀 보라하네
실실 눈웃음
반짝거리고 있네
배부른 보쌈 한 상
잔치 상 펼치네
가던 발길 멈추고
다시 쳐다보라하네
해묵은 근심 걱정
꿀꺽 삼키라하네
갈까 말까 망설임
들어오라하네
메마른 가슴에
단비를 안으라네
멀리서도 자기만
바라보라하네
자나 깨나
날 유혹하고 있네
다시금 발길을
되돌리라하네
오늘도 나를 보며
싱긋이 웃으라하네.

바다의 이별

초겨울 바다 언덕에
하염없이 기대 앉아
그대 그리움
뿜어 올리던 날
누가 먼저랄까
당당한 파도타고 넘실거리는데
난 그대에게 길들여지지 않았다

새들도 모래톱에 부리를 박고서
내 사랑 확인하며 뒤뚱거리면서
한동안 사람처럼 휴식을 취하는데
힘찬 나래 짓에 튕기는 물줄기
도전하는 새들의 희망이고 싶었다

태양은 사시나무 은물결을 나르고
쉼 없이 뻗쳐온 영혼의 배려
만남은 이별을 예약이나 한 듯이
밀치면서 휩쓸려가는
방랑의 몸짓
진정 사랑의 옷깃을 붙드는데
그대는 나에게 익숙하지 않았다.

내 고향 영도

새 생명이 늘 솟구치던 곳
영도다리 난간아래 검푸른 파도
무엇이든 다 된다던 희망찬 물결
아버지의 음성이 들린다

익어가는 아이시절의 추억담
영도 고향바다에 갇힌 영혼 있어
삶의 고비는 언제나 쉬어가
꼬부랑 영선동 산마루에는
애린의 눈동자 둥둥 떠가는
사랑도 청춘도 일렁이고 있다

삐거덕거리며 하늘로 물구나무선
영도다리 난간에 매달려
여수 여객선 넘나들던 이별의 항구
해풍에 솟구치던 격정의 손수건들
갯내음 맑은 숨결
그 풋풋한 얼굴들이
피둥피둥 달려 와 날 적신다

태종대 해안 절벽의 소용돌이
하얀 포말 내 뿜는 전율의 바다
절영도 해안선 따라 등대사이로
끝없이 물든 노을의 바다
그 바닷길에 마실 나온 눈부신 낭만들이
다투어 바위를 휘감아 날 흔들어 놓더니
까치놀의 형상으로 수신을 보내
갈매기 등에 업혀 곤두박질친다

바위섬에 치근대던 야생의 갈매기들
이따금 정수리를 끼얹던 뱃고동소리
도란도란 거리던 뱃길 따라
한 접시 해산물 입에다 넣으니
그 서정의 밀어들이
내 볼과 목을 애무하면서
날 채워주는 시정詩情의 향수가 된다.

당신의 구두

모처럼 나들이를 하던 날
당신 구두를 찾게 된
내 손이 부끄러웠습니다
신을 만 한 구두가 없었습니다
당신 구두는 언제나
새 구두 인 줄 알았습니다
항상 자전거만 타고
운전만 하고 다녔으니까요
구두도 당신처럼 가만히
세월 따라 늙어가고 있었습니다
몇 켤레나 되는 내 구두를 바라보면서
당신 구두가 눈에 밟혀 미안했습니다
바빠 몰랐다는 건 핑계였습니다
오늘에사 새 구두를 직접 신겨드렸습니다
반짝이는 구두에 당신도 빛났습니다
헌 구두도 챙기려는 당신 손을
나는 냉큼 뿌리쳤습니다
다 낡아버린 당신의 구두가
마치 앗아가 버린
당신의 하얀 세월 같아서
미련 없이 그만
내동댕이쳐 버렸습니다.

고모의 사랑

고모라고 부르는
조카의 음성이
오늘따라
더 살갑게 느껴지는 것은
조그맣던 꼬마숙녀가
훌쩍 커버린 여고생이 되어
해맑게 웃고 있기 때문이다
손수 담근 고모의 반찬들에
자꾸만 손이 가고 있음은
고추장에 빠진 매실 마늘쫑의
상큼함 톡 쏘는 그 진미를
난생처음 맛보았기 때문이다
삼삼한 깻잎지가 한 장씩
밥 한 술마다 얹어져
쏘오옥 냠냠
오물오물 거렸기 때문이다
매실즙에 버무린 마늘과 고춧가루
잘 숙성된 열무 젓 김치의 일탈
어린 무 뿌리를 밥 위에다
척 걸쳐서 삼켰기 때문이다
진녹색 밥상의 향연 속에는
쉴 새 없이 물에 젖었던
고모의 두 손이
엄마처럼
자꾸만 떠올랐기 때문이다.

비움과 채움

마음을 비우니
평화가 부활한다
옷장을 정돈하니
여유가 머무른다
먹거리를 나누니
온기가 채워진다
손주들 거두니
행복이 익어간다
계산을 비우니
사랑이 충만한다
낮잠 한 번 자고나니
황혼이 기다린다
그리움을 삭이니
설레임이 차오른다
그 만남을 미루니
눈빛이 출렁인다
꿈속의 꿈 펼치니
그대가 피어오른다
우정이 배달되니
기쁨이 넘실댄다
먹고 살기 바쁘니
사람들은 집에 없다

주위를 둘러보니
글쟁이가 죄스러워진다
그 사람이 안보이니
대문을 두드려본다
기쁨도 명예도
흘러가는 구름이 된다
슬픔도 아픔도
스쳐가는 강물이 된다
되로 주고 말로 받으니
벙긋이 웃는다
애착을 놓으니
홀로 떠나고 싶어진다.

슬픔의 이유

'살아있지 말고
살아가자!'

약속의 이행을 위해
벽에다 굵게 쓴 맹세
칠순 아비는 오늘도
살아가기 위해 자전거를 탄다
하루도 빼먹지 않고
바람을 가른다
서른 넘은 아들은
어릴 땐 병약함으로
커서는 무능함으로
그저 살아있다
수술 후 잘 깨어나지 못해
그렇게 가슴 졸이던
황야에서 너는
세월을 꿀꺽 삼켜 버렸다
그저 살아만 있어도
먼 길 떠나는 기도의 울음소리
귓가에 맴도는
우물가의 발자국
가시밭길에 그냥
공군 말뚝 박았으면
훈장도 빛났겠지.

제 4 부

소통과 상생

바래봉 철쭉 군락지

오르고 싶었던 지리산 8부 능선
비 온 뒤 산행이라 청초한 발걸음들
높은 준령을 앞서거니 뒷서거니
철쭉 만개한 그대 눈 속에
내가 풍덩 빠져 버렸더니
우울함이 훨훨 흩날리고 있었지

쭈쭈빵빵 큰 키와 줄기사이
주먹만한 꽃 분홍 왕 꽃송이들
방실방실 눈웃음 가득 싣고서
발아래 푸른 하늘 흰 구름 두둥실
그들의 하늘 열차 추락하고 있었지

마치 그리움이 짙게 배여서
내 눈 속에 그대가 들던
그 시절로 돌아가니
아쉬움은 추억의 꽃비가 되어
폴폴 나풀대는 비상이 되었지

꽃말이라면서 내 곁에 다가 와
해풍에 나부끼던 어설픈 그 맹세
그리운 그 시절 그 소년이 생각 나

나는 너의 거머리가 되리라
잊히지 않는 사랑 꽃이 되리라
오늘 저 철쭉의 넋이 되어
내 그림자 따라 울부짖고 있었지.

지혜롭게 살아라

이 말씀대로
살아만 간다면

서로 헤어지는
일은 없으련만

지성이 아니라
지혜로운 삶으로

나는 너에게
열정을 다 바쳐

너는 나에게
사랑으로 가득 차

사무친 고마움이
영원히 넘나드는

따스함의 배려
넘실거리리라.

난생처음 마시는 백설차

한 해의 미움을 버리고
사랑으로 모든 걸 감싸라며
깨알 같은 글씨체의 편지와 함께
중국 운남성 높은 산 이끼들이
백설차 되어 숨죽이고 있었다
중국인들도 잘 모르는
뽀얗게 눈부신 귀한 차를
한 모금 들이키는 순간
목젖을 훑으며 내려가는 정 情
새해 아침에 내리는
기쁨의 백설이었다
보통 이끼들은 초록 알갱이인데
하얗게 태어난 올챙이 형상으로
차 한 잔에 어리는 은근과 끈기는
메아리인양 진동되고 있었다
네 우정의 물레방아는
나의 상처를 어루만지듯
늘 토닥거리는 자장가였다
혼자 마시긴 아까우니
서로 마주 바라보며
행복을 마시라는구나.

인연 되어서 왔지요

오늘도
흰 백지 위에
고운 꿈을 그리는
화가는
화폭 속에서
색채로 글을 쓰고
오늘도
흰 백지 위에
세상풍파를 수놓는
시인은
여백 속에서
문자로 그림을 그리고
은빛 마음
가슴에 심고
그리움이 묻어나는
하얀 갈대밭에서
온통 물드는 예술魂을
조용히
다소곳하게
그대 눈 속에
내가 들던
허공 속

그 희망찬 유희
훨훨
삼라만상
다 털어버리고
그대 곁에
나란히
떠나는 여정.

남해 편백 휴양림에서

1.

남해의 겨울여행 밤새 꿈꾸는 일탈이다
창선대교와 삼천포 연륙교 스쳐 지나는데
붉은 청춘시절 섬마을 선생님이 되어
갯벌 위 조개캐던 토장국 밥상이
남해의 미소를 보글보글 끌어안았다
남해 금산 동쪽 기슭 100만 그루의 피톤치드 숲길
사방으로 병풍 친 캐나다 숲인지
일본의 거대한 수림목장 인지
믿기지가 않았다 여기가 우리나라 숲 이었던가
발아래 휘영청 편백나무 잎사귀들의 행렬
얼른 코에 갖다 대 들이키고 마셨다
숲 아래 집들은 휴양림 속의 야영지
편백 등산로에서 전망대까지는 상큼 가벼웠다
한 발짝씩 내 딛는 그들 느림의 행보는
대자연의 장엄 앞에 엄숙해 지고
남해 해풍은 피톤치드를 마구 흩날리는데
일상의 스트레스는 저절로 해소되고 있었다.

2.

쭉쭉 뻗은 늘씬한 편백나무들의 몸 사위
사철 내내 짙푸른 잎맥들의 소요가
그들을 포옥 끌어안고 춤을 추는데
그 자세 그대로 둥둥 떠가는 생의 흔적이었다
하늘은 아득하고 편백 숲만 가득 찬 수채화
이 거대한 풍경이 무엇 때문에 좋은지
스스로 깨우칠 필요조차 없었다
장과 심폐기능도 강화되고
아토피 피부도 좋아지며
향균 효과도 엄청 나다니
사람들아 고갤 들어 하늘을 쫓아라
그대 머리 위 얼굴 위 저기 저 온 몸으로
온통 쏟아지며 스며드는 피톤치드
흠뻑 다 들이켜라 흠뻑 다 마시어라
여의도 1.5배 면적의 피톤치드 숲의 향연
일찍이 한 하늘아래
이 거대한 밀림의 풍성함
그대 품안에 온전히 다 바치리니
내 영혼은
다시 창선면의 바닷가에 안착되어
풋풋한 섬마을 선생님이 되어 있었다.

한국시 낭송회의 향기

시의 길이 무엇인지
마냥 시가 좋아 모이게 된
한국시 낭송회의 세월
시 창작에 자유로우며
시의 행간이 살아 있으며
시의 의미에 사랑을 꽃 피웠으니
그들은 항상 행복하여라

시인의 길이 어떠한 것인지
그것은 영광의 길도 아니요
그것은 돈벌이의 길도 아니요
그것은 권력의 길도 아니요
오직 아픔을 끌어안는 길이며
오직 고독과 허무로의 여로이며
상처받은 이웃들을 사랑하는 길이며
더불어 나누는 상생의 길이며
어제도 오늘도 내일도
나속의 나를 찾아
하염없이 떠나는 길이며
끊임없이 찾아가는
순례자의 길이며

삶을 탐구하는
예리한 통찰력의 길이다.

스마트폰 속에

비디오카메라가 있어야만
동영상을 찍을 수 있었는데
이제는 언제 어디서나
생생한 모습을 찍을 수 있다
보고플 때마다 꺼내 볼 수도 있다
스피치 검정 대회가 열리던 날
슈퍼리더가 되어야한다며
예리한 투시력과 통찰력으로
미래를 나아가자던 중학생 연사가
단상을 치던 열정의 순간과
아름다운 지구를 만들기 위해서
다 같이 재활용을 철저히 하고
물의 오염도 막아야한다며
지구에게도 예방백신을 맞혀야한다고
애끓게 부르짖던 딸의 호소도
놓치고 싶지 않은 순간이다
선택버튼에 따라 째깍째깍 작동되는
스마트폰의 철저한 반란 앞에서
순간의 선택이 저장되고 있다
초정밀 그대로의
당신 모습과 음성이
눈부시게 살아 움직이고 있다
마술사 같은 우리들의 친구

꿈과 희망과 미래의 조언자
아름다운 유산으로
무궁무진하게 빛나고 있다.

고니의 사랑

십일월의 한적한 오후
모처럼 얻은 자유의 몸
새처럼 훨훨 날고 있다
석양이 불타는 을숙도
물 섶에 얼굴을 묻어두고
새들은 숨을 죽이고 있다
그대와 함께 부리를 박고서
안식의 노를 젓고 있다
취침중인 새들도 있다
꼼짝 않고 망원경에 붙어
숨소리조차 정지한 채
나뭇가지에 기대 하품하는 새
가족들 앞에서 춤추는 새
해오라기는 그 어디메 있는지
홀연히 치솟는 저 새 떼 좀 봐
절대 부딪히지 않는 질서 정연함
황홀한 콘서트의 전율이다

순간 포착된 뽀오얀 고니
공작새처럼 나래를 펼치더니
슬슬 그대에게 다가서는구나
하얀 버선 발 학 같은 춤사위

정다운 저 흐름을 그대 가슴에
사뿐히 그대여 내게로 오라
훨훨 삼라만상 다 털어버리고
그대 곁에 나란히 떠나는 동행
창공 속으로의 희망찬 유희
노을이 물든 하늘가에로
은빛 여울진 살 물결 위에로
모든 기슭에 사랑이 머문다
소망의 저 푸르름 속으로.

대추 한 알 저절로 영글리 없다

1.

놀대추 한 알 저절로 붉어질리 없으니
하물며 우리네 삶이 어찌 저절로 영글 수 있으랴
홀로 외롭다가 함께 행복하였다가
짝을 먼저 보낸 상처를 입었다가
몸이 아파 고통을 입었다가도
말끔히 건강을 되찾을 수 있다
친한 사람으로부터 배신을 당하였다가도
추스르고 일어나는 치유의 삶 속에서
반복되는 희로애락이 밑거름이 되어
저절로 사람을 성숙케 하고 있지 않느냐
지나가는 사람들 눈여겨보아라
질퍽한 삶이 그대로 묻어 있지 않느냐
그늘지고 어두운 곳이 너무 많은 세상
시장 한 길목 배가 두 발이 되어서
배 밑에 수레를 깔고서 회전하는 아저씨
시장 바닥을 배로서 기어가고 있었으니
스치는 사람마다 되돌아서서
천사의 손길을 펼치는 걸 보며
덩달아 내미는 손이 부끄러운
아름다운 세상으로 가득하였으랴

2.

그 세상을 변화시키는 조그마한 애정이
먼저 나 자신에서부터 비롯된다는 사실
걷지 못하고 서지 못하여도
배 밑에 수레를 깔고서
걷고 회전하면서 세상 속으로
나아가고 있었으며 열심히
자신의 노력으로 행상을 하였으랴
걸을 수 없다고 무기력하게
집에만 있으면 어찌 굶지 않겠는가
대추 한 알이 세찬 바람과 태풍과 벼락과 천둥도
다 견뎌 내어 탐스럽게 붉어지지 않았느냐
삶도 모진 풍파 다 견뎌내면서
넘어지면 일어서고 또 넘어지면 일어서고
그렇게 살아가야만 하는 오뚝이처럼
대추 한 알이 저절로 붉어질리 없다는
진리 앞에서 삶도 서서히 물들면서
잘 익은 대추 한 알의 철학을
깨달으면서 살아가지 않으려느냐.

나눔 행복한 대한민국

- 2013년 전국의 방송망을 통해 동시에 방영되고 있다.

조금씩 힘을 보태어 풍요의 강물로 흘러가려
배고픈 사람들에게는 먹거리를 나눔으로
누추한 집은 깨끗한 보금자리로
독거노인들에게는 도시락 배달로
산복도로에서는 쭈욱 줄서서 무연탄 배달로
아이들에겐 무엇인가 창조하는 예술품으로
노인들에겐 손수 머리를 깎아드리는 봉사로
안마와 발 마사지하는 사랑의 손길들로
장애인들을 밖으로 유인하는 프로그램으로
백혈병아이들에겐 긴 머리를 잘라 가발 선물로
대학교마다 각각 학생들 돌보미 재능교육기부로
서로서로 도우니 샘솟는 자신들 성취감으로
전국 방방곡곡 기쁨 가득 찬 웃음소리로
가수 싸이의 힘찬 기상 대한의 건아로
케이팝들의 꾸준한 열정의 비상으로
기성 가수들도 세계를 주름잡는 노력으로
지금 대한민국은 들썩이는 엔돌핀으로
한 푼 두 푼 사랑의 다이얼을 두드림으로
성금의 액수는 눈덩이처럼 불어남으로

나눔 행복한 대한민국으로
동방예의지국의 지축을 흔들고 있다.

우리를 슬프게 하는 먹거리들

1.

빈대떡만한 청국장 한 덩어리가 랩에 싸여
노점상과 마트 가판대에 놓여져 있으면
두부처럼 마음 놓고 사먹고 있는 지금시대
무늬만 청국장이라는 먹거리 방송이
또 우리를 슬프게 한다
순수 국산 콩도 아니고
볏짚으로 포옥 띄우지도 않고
온돌방에서 삼사일 숙성하지도 않았고
재빠른 고온에서 삶아내어
중국산 된장을 갈아 섞어서
또 무엇인가를 넣고 또 넣어
말끔히 신토불이 청국장으로
랩 속에서 가면을 뒤집어 쓴 변신이
우리를 슬프게한다.

2.

날 생선도 항생제를 먹여 키우고
동물 사료도 인체에 유해한 것을 먹이고
야채도 농약을 쳐서 변하는 토양

그 흙 속에서 돋아나는 고추를 먹고
게다가 붉은 물감을 칠한 고춧가루까지
마구 섞어서 팔고 있는 시장에서
아무 것도 모르고 사먹고 있는 사람들에게
자신들이 살인을 저지르고 있음을 망각한 채
먹거리를 온 세상에 변신시켜 팔고 있음이.

3.

우리를 슬프게 한다
그런 저런 상황이 너무 번거로워서
아니면 곱절의 이익만을 챙기려
두레밥상에 장난을 치고 있는 현실 앞에
지금 우리들은 빈 수레가 이끄는 대로
무작정 따라가서는 안 된다
오늘 국산 콩 한 되를 구해 포옥 삶아서
요쿠르트 발효기로 숙성시켜서
온 가족의 두레밥상 청국장만이
믿을 수 있는 세상이라는 사실이
진정 우리를 슬프게 한다.

모닝콜 카카오톡

카톡이라며 재빠르게
참새 한 마리 말을 한다
카카오톡이라는 엄한 목소리
마치 아빠가 훈계라도 하는 양
아이들은 뒹굴면서 자지러진다
깔깔깔 덩달아 나도 웃는다
인터넷 물결이 두 손 사이에서
무궁무진 펼쳐지는 요지경 세상
친구는 지금 북경에 있다며
쵸코렛 사랑을 띄워 보낸다

태양은 눈부시게 떠오르고
황혼은 은은하게 사라진다
오늘은 비엔나의 춤곡이 와
축 쳐진 어깨를 끌어 올린다
청춘도 훨훨 사랑도 훨훨
슬픔도 훨훨 기쁨도 훨훨
세상 속 똥개의 팔자가 된다.

저녁놀과 구름

어느 화가의 솜씨가
이토록
황홀할 수가 있는가
어느 춤꾼의 살풀이
저토록
현란할 수가 있는가
캔버스 하늘에다
주황색 물감으로
못 다한 꿈과 사랑
마구 흩날리는가
혼불의 춤사위
그 누구의 방해도 없이
그 누구의 간섭도 없이
구름이 발산하는
무언극의 환희가
내 심장 속으로
붉은 사랑의 포로
바람난 솜사탕에
날 멈추지 못 하는가
훠어이 훠어이
스쳐간 인생사에
뿌리면서 가는가.

오만둥이

매일 반복되는 일상에
너는 삶의 활력소
어쩜 너의 향기
미각을 일깨우는지
일생을 바다 속에서
주저리 주저리
다시금 인생을 찾아
발길을 돌리는데
당기는 입맛이여
살찐 가랑이 싹뚝
뚝배기에 빠져서
해풍을 싣고 오네
끼니때마다
토장국의 바다는
내 고향바다 파도소리
귓가에 맴돌게 하네
방파제로 날 데려간
아귀찜의 미더덕이
바람을 피워서
오만둥이를 낳았다네.

해 설

해설

끝없는 시작, 생의 열기

임종성 (시인, 문학박사)

누구에게나 가슴 속을 들여다보면 슬픔이나 불안, 그리움, 외로움 같은 창이 달려 있다. 물론 기쁨이나 즐거움 같은 창도 없지 않다. 그렇다고 가슴에서 창을 떼어 버리고 살 수만은 없는 일이다. 우리에게 가슴이 있다는 것은 여간 뼈아픈 일이 아니다. 한 편의 시는 가슴에 속한 일들을 치유하여 내면화하는 서정적 진실이 아닌가 한다. 이러한 단편적 상념에 기대어 송다인 시인의 시집 [오늘에 충실하다] 의 행간을 꼼꼼히 읽어보기로 한다.

매순간 사랑해야 하는 / 아쉬운 몸부림이다
상처를 보듬어주는 / 따사로운 배려다
황혼에 머무는 / 회귀의 간이역이다.　　　　[인생은] 부분

시의 행간에 보이는 화자는 생을 〈매순간 사랑해야 하는 / 아쉬운 몸부림〉으로 드러낸다. 그래서 생이 진행되는 과정에서 받게 되는 크고 작은 〈상처를 보듬어주는 따사로운 배려〉라고 말하고 있다.
우리 앞의 생이란 빛과 어둠에 반반씩 살을 감춘 노을 같기도 하고 안개 속 풍파를 헤치며 먼 바다로 가는 한 척의 배 같기도 하다. 또한 그것은 돌 틈을 열어 뾰족이 피어난 풀꽃이기도 하고, 그 풀꽃을 만나러 가는 한 줄기 바람이며, 잎을 물들이는 한 점 이슬이기도 하다. 산다는 것의 가장 직접적인 의미는 밥을 먹는 본능적 행위에서 찾아진다.

홀로 자식들을 키워낸 / 수많은 헌신들과 희생
놓고 있어도 / 당신 때문에 이렇게
살아가고 있음이 / 항상 고맙습니다
(중략) / 부모님 앞에서 / 당당하게 애원하던
세월을 질주한 / 당신 모습이
지금에 와서야 / 이토록
내 가슴에 사무칠 줄/진정 몰랐습니다.
[밥은 굶기지 않겠습니다]

아주 궁핍한 시대였던 60, 70년대 초에는 밥벌이라도 제대로 하는 게 큰일이었다. 사회 문화적 의식이니 공허한 관념에 앞서 한 그릇의 밥을 빌어 살 수 있는가의 문제는 생의 가장 밑바닥에 닿아 있었다. 〈그냥 처자식을 양육할 수 있다는 자신감을 보임으로써 사랑의 대상을 생의 동반자로 선택하여 〈

세월을 질주한/ 당신의 모습〉에서 위안을 얻고 있다. 그러나 의식주를 해결할 수 있다 할지라도 생의 근원적이며 실존적 존재의 의미가 가뭄 끝의 한 바탕 소나기 지나간 뒤의 들길처럼 모든 게 속 시원히 해소되는 것은 아니다.

나는 왜 생명을 떠받드는 그들 행렬에 끼이고 싶니
나는 왜 천사의 날개 그들의 그림자이고 싶니
나는 왜 너를 보면 무조건 다가가고 싶니
나는 왜 부모님 시절 그 인연의 강물이고 싶니
나는 왜 먹거리를 위해 최선을 다 하고 싶니
나는 왜 고운 주름살도 펴주고 싶니
나는 왜 금요일이면 너에게 달려가고 싶니
나는 왜 늘 해맑게 웃는 네 모습 닮고 싶니
나는 왜 널 만나면 형제처럼 포옹하고 싶니
나는 왜 묵묵히 사회에 환원하는 아름다움이고 싶니
나는 왜 봄날이 오면 쑥떡을 바치고 싶니
나는 왜 너를 생각하면 용솟음치는 시가 쓰고 싶니
나는 왜 베푸는 축복 그 영롱한 눈빛이고 싶니
나는 왜 너를 향하면 삶의 걸망이 날아가고 싶니
나는 왜 연분홍 보자기에 네 선물을 싸고 싶니
나는 왜 그들이 베푸는 문화마당에서 놀고 싶니
나는 왜 매달 고국 산천을 탐방하는 산증인이 되고 싶니
나는 왜 목요일이면 독거 노인들 도시락 배달이 되고 싶니
나는 왜 무료 급식소의 헌신과 봉사를 뒤따르고 싶니
나는 왜 숭고한 그들 마음결 반짝이는 배려가 되고 싶니

[나눔의 카르페디엠] 전문

화자는 '나'에게 끝없이 묻는다. 자의식에서 시작하여 사회문화적 의식까지 다양하게 자기 실존의 의미를 찾아나서는 것이다. 〈생명을 떠받는 그들 행렬〉에 끼어들고 싶은 것부터 시작하여 〈숭고한 그들 마음결 반짝이는 배려〉에 이르기까지 '나눔의 카르페디엠'을 제시하여 오늘에 충실한 자세를 갖고 싶은 소망을 보여주고 있다. 그러나 충실하게 산다는 것은 무엇이든 필요한 욕구를 채우는 것을 의미하지 않는다. 삶은 비워야 채워지는 역설의 진실과 무관하지 않다.

계산을 비우니 / 사랑이 충만하다
(중략) / 기쁨도 명예도
흘러가는 구름이 된다 / 슬픔도 아픔도
스쳐가는 강물이 된다 / 되로 주고 말로 받으니
벙긋이 웃는다 / 애착을 놓으니
홀로 떠나고 싶어진다. [비움과 채움]

화자는 〈계산을 비우니/ 사랑이 충만하다〉는 행간에서 성숙된 자아를 보인다. 〈기쁨도 명예도 /흘러가는 구름〉이 되는 것이며 〈슬픔도 아픔도 /스쳐가는 강물〉이 되는 것을 터득할 수 있었기 때문이다. 화자는 숱한 만남의 기회를 맞게 된다.

함께 머무를 수 있는 여유 / 만나지 않아도
만나고 있습니다 / 사람이 사람을 좋아하는 일이 평생 흔한 일은 아니기에 / 어떤 맑음이 정말 좋습니다

처음 만남은 어색했으나 / 내가 그대를 / 그대가 나를
다독거리고 있음이 / 또 만나야 하는 이유입니다

오랜 시간이 흘러가도 / 그리움이 누적되어도
목소리가 듣고 싶어도 / 아무 말 하지 않아도
이미 다 알아 채고 있습니다

서로가 서로에게 싱싱한 바람이 되고 / 온화한 행복이
기다림으로 다가오고 있습니다. [어떤 만남]

화자는 〈함께 머무를 수 있는 여유〉만 지닐 수 있다면 〈 만나지 않아도/ 만나고 있습니다〉고 넌즈시 진술한다. 그래서〈 아무 말 하지 않아도/ 이미 다 알아채고 있습니다〉고 말하여 '함께 있다'는 의미의 내역을 제시하며 〈 서로가 서로에게/ 싱싱한 바람〉이 되기를 기대하고 있다. '만남'이란 말을 입에 담으면 눈밝은 바람이 징검다리를 건너오고, 건너가는 사이에 먼 곳에 떠도는 새들이 둥지에 돌아오고, 새로이 피어난 꽃이 주위를 환하게 빛낸다. 이러한 만남을 알려주는 가장 직접적인매개는 목소리다.

아주 밝은 네 목소리 / 메마른 가슴에 피고 있어
듣고만 있어도 / 아득한 그리움은
문풍지의 떨림이 된다 / 아주 희망찬 네 목소리
온 몸에 노을이 피고 있어 / 듣기만 하여도
허기진 사랑은 / 미학의 물결이 된다
아주 세심한 네 목소리 / 눈물이 마르게 하고 있어

들려만 주어도 / 젊은 사공의 닻이 된다

[목소리]

너의 타자는 나 / 나는 너의 / 너는 나의 / 보물 같은 친구
멀리 있어도 / 만나지 않아도 / 항상 마음에
머물러 있는 친구

잘 지내느냐 / 전송된 문자에 / 벙긋이 웃는 친구
나의 아픔이 되어 주고 / 나의 기쁨이 되어 주고
너의 축복이 되어 주고 / 너의 미래가 되어 주고

[옛 친구]

화자는 〈아주 밝은 네 목소리/ 메마른 가슴에 펴고 있어〉라고 들려주어 〈아득한 그리움〉을 자극한다. 이러한 정겨운 목소리는 그리운 이의 이름을 부르게 되고 연한 풀빛을 더 푸르게 빛을 수 있다. 그리고 흐르지 못하고 가장자리로 밀려난 물결들을 강의 중심에 불러내고 저무는 산과 하늘을 품고 비로소 새벽바다에 닿을 수 있는 힘을 내장한다. 이렇게 화자가 목소리를 통해 만나는 '너'는 타자이면서 '나'인 〈항상 마음에 / 머물러 있는 친구〉이다.

전송된 문자에 벙긋이 웃는 친구는 '나'의 아픔이 되고, 기쁨이 되고, '너'는 '나'의 축복이며 미래가 되기도 한다. 그러나 화자가 머무는 현실은 무풍지대가 아니다. 뜨거운 불모의 사막이다. 화자의 모습은 모래바람 후려치는 얼굴이며 겨울 숲에 불어닥친 바람이다. .

말없이 돌담길 돌아 나와 / 도심의 담벼락 기어올라
거침없이 행진하는 / 춤추는 생명력이다

파아란 잎사귀들의 반란 / 바람 불면 바람 부는 대로
비 오면 비 오는 대로 / 낙엽 지면 낙엽 지는 대로
함께 걸어가고픈 / 좋은 만남이다
가는 발길 멈추게 하는 / 반짝이는 내일의 찬란함
꼬막손 새끼 담장이 가만히 / 부모 형제 손깍지 끼며
거친 세상 떠 받들려는 / 숨죽인 가르침이다

회색빛 도시의 희망 / 네 치마폭에다 날 감싸며
네 그림자로 날 덮어주며 / 평생을 의지하는
다정한 부채손이다.

[담쟁이]

화자는 끈질긴 생명력을 지닌 담쟁이를 통해 함께 정과 사랑을 나누며 공동적 목표를 해 나가는 자세를 보인다. 〈함께 걸어가고픈/ 좋은 만남〉지향하고 있다. 담쟁이는 담벽을 타고 오른다. 그런데 아무리 비바람 몰아쳐도 오르려는 이에게는 벽은 장애물이 아니다, 가야할 새길인 것이다. 산 첩첩 물 겹겹 눈앞을 가로막아도 핏줄과 핏줄 이어대며 새길을 만들어 가려는 강한 의지가 바람의 푸른힘으로 돋아난다.
담쟁이는 〈회색빛 도시의 희망〉의 길이다. 그것은 〈 네 치마폭에다 날 감싸며/ 네 그림자로 날 털어주며/ 평생을 의지하는/ 다정한 부채손〉으로 미래를 끌어당겨 무한 바깥으로 퍼지게 하는 열기이며, 〈꺼지지 않는 불씨〉이며, 〈 그 사랑을 위하여 피워 올리는 불꽃〉[희망]이며 〈쑥쑥 자라는 새싹들

〉[아름다운 유산]이다.

시에는 길만 있고 법은 없다. 흐르는 물이나 구름이 건네주는 말을 받아쓰면 시가 되고, 나무가 건네주는 말, 풀이 건네주는 말, 나비나 새가 건네주는 말을 귀담아 듣고 그대로 받아쓰면 시는 이뤄지는 것이다. 그러나 이게 어디 쉬운 일이겠는가.

송다인 시인의 시에는 숨김이 없다. 생의 전면적 진실을 그대로 드러낸다. 멋이나 장식의 겉을 거둬내고, 그 자리에 환한 일상의 내역을 그대로 비쳐준다. 그의 시는 일상 안에 있으면서 그 일상에 붙들리지 않고 뛰어 넘어, 어떤 비상한 몰입을 통하여 미적 진정성을 확보하고 있다. 끝없는 시작으로 생의 열기와 전율, 사람이나 사물과의 만남에서 이뤄지는 사랑을 실천하려는 투명한 의지는 시의 품을 풍요하게 채워 나가고 있다.

송 다인 시인 (작품실적)자료 및 대표적인 성과자료
(언론 보도, 평론 등)

1999.10.14-첫시집 (울타리)간행-도서출판 빛남
2001.9.1-제2시집(능금나의 사랑)-도서출판 푸른별
2003.1.2-제3시집(비상을 꿈꾸는 새)-도서출판 다층
2004.7.1-제4시집(물결)-도서출판 전망
2005.9.7-제5시집(쉼없는열정그리고사랑)-도서출판 다층
2006.4.7-제6시집(지큐의 독백)-도서출판 해암
2007.6.25-제7시집(다시금일어나길떠나네)-도서출판 해암
2008.4.7 -제8시집(내미는 손)-도서출판 해암
2009.6.9-제9시집(오카리나를 불면서)-도서출판 한국디지털도서관
2010.4.23-제10시집(장미라는이름으로)-도서출판 두손컴
2011.5,1-제11시집(가만히너를즐긴다)-도서출판 두손컴
2012.5,10-제12시집(인연을 쏘다)-도서출판 청옥문학사
2014년 3월-제13시집(오늘에 충실하다)-도서출판 청옥문학사발간
2001.9.21- 제2시집 (능금나의 사랑)-국제신문 연재
2001.9.9 -제2시집 (능금나의사랑)-중앙일보 연재
2001.12.19-제2회 노천명문학상 시부문 본상 수상 -한국시 연구협회시상
2001.12.29-노천명문학상축하전문 -이회창(한나라당 총재) 답신
2002.1.24 -노천명문학상본상수상-부산일보 연재
2002. 봄호-"열린 가슴 따뜻한 시선으로 세상을 보다"-서울 (객석)잡지 연재
2002.7.30 -"사라지는 저 불빛 저 소리"-새수영 여름호 연재
2002.겨울호-詩 (절영도의 일기)와 (갈대밭 언덕에서)-(다층) 계간문예 연재
2003.1.25-제3시집(비상을 꿈꾸는 새)-중앙일보 책꽂이 연재
2003.봄 -詩(내 제비야 날아라)-국제예술인협회초청 축시 낭송 KBS무대
2003.3.7.-제3시집(비상을 꿈꾸는 새-매일경제신문 연재
2003.11.2-제17회 시의 날 -백일장 심사위원 위촉
2003. 겨울-詩(동백섬의 꿈) -(문학과 겨울바다와의 만남) 태종대 프리즘 무대
2004.6.28-PSB뉴스(오늘의 책)-제4시집(물결) 방영

2004.7.16-제4시집(물결)-시평(절망 꺾는 희망이고 싶다)-부산일보 연재
2004.9.1.-詩(여름밤의 수변공원)-새수영 가을호 연재
2005,가을-詩(태종대 등대에 앉아),(내 제비야 날아라)
-한국시학 105인 신작모음 연재
2005.가을-詩(동백섬의 꿈)- APEC 영역시집 시인 선정
2005.4.7-대한민국 모범인 대상-모범 시인상 수상-소년중앙일보
2005.7.24-제1회 독도예술제 시부문 대상 수상 -(독도) 시외 9편 수상
2005.8월호-제5시집(쉼 없는 열정 그리고 사랑)-시사포토뉴스 잡지 연재
2005,12.21- 詩(수영구의 휴식)-수영사이버공모전 은상수상
2006.10.31.-詩(광안리수변공원의 풍경)-수영구민"시와 음악의 밤" 축시 낭송
2006.가을-詩(해마다 5월이면 함평으로 가리)-함평군수 "이석형" 답신
2006.10 -수필(옛날과 현재를 이어주는 통로)-새수영10주년 기념 연재
2006.12-詩(빛과 소금)-봉생문화상시상식 축시 낭송 부산일보 10층대강당
2007.1.22-서울문학회 창립한 "라르스바리외"스웨덴대사 친필답신
-Book of Poetry
2007.6.25-제7시집 발간 시평-(쉼 없는 열정으로 다시 길을 떠나네)
-국제신문연재
2007.8-詩(모운동의하룻밤)낭송 -대한민국시인대회(제11회난고
김삿갓 탄생200주년) 축시낭송
2007.9.10-詩(감지해변)-국제신문(국제시단) 연재
2007.10.21-詩(을숙도의 낙조)-부산여고 총동창회지 16호 연재
2007.12.22-詩(천년의 약속)-동아대학교총동창회 축시낭송
-롯데크리스탈룸 무대
2008.5.28-詩(우리는 모두 무엇이 되어)-영도초등 개교 100주년
기념 축시 낭송
2008.가을호-詩(남해안으로 떠난 여고시절)-남해군"보물섬" 연재
2009.6.25-제9시집(오카리나를 불면서)-"기장사람들" 제165호 연재
2009.7.2-제9시집(오카리나를 불면서)시평 국제신문 연재
2009.8.31-제9시집9오카리나를 불면서)-한국경제신문 연재
2010.8.3-제10시집(장미라는 이름으로)-국제신문 연재
2010.여름호-詩(장승포의 유산 애광원)-남해 "애광원"신문연재
2010.10-(부산여고졸업40주년을 맞이하여 떠난 여행수기)

-부산여고총동창회보 연재
2011.4.7-詩(봄소풍)-부산시청로비(수요콘서트) 축시 낭송
2011.여름호-수필 (우연과 필연)-시와 수필사 연재
2011.8-詩(독도)-부산경제신문 연재
2011.가을호-詩(선운사의 가을)-봉생문화재단 계간지 연재
2011.가을-전국시인축제 詩 (새들도 잠 못 이루는 밤이 있다)
부산대표낭송-백담사무대
2011.10.4-제11시집(가만히 너를 즐긴다)-시평(기장의 산하를 노래하다)
-기장사람들연재
2011.11.15-詩(도령 호수)-한국문학신문연재
2012.1.21-詩(희망열차4호선)-국제신문(국제시단) 연재
2012 봄-詩(청포도)-온천천 윤슬길 시화전전시
2012.5.1 -수필(죽성바다 언덕에 앉아)-기장사람들(독자마당) 연재
2012.6.4-제12시집(인연을 쏘다) -kNN뉴스(오늘의 책) 방영
2012.7.30-詩(금곡역하차)-부산시 부전역사 시화전 개막식 전시
2012.10.17-詩(시를쓰는 이유가 뭐니)-크리스천 경남신문 연재
2012.10.21-수필(비오는 유엔 기념공원)-부산여고 총동창회지 21호 연재
2012.11-제11시집(가만히 너를 즐긴다)-이해인시인 답신
2012.가을호-詩(신안소금 한 자루) -남해군 "천사섬 신안"60호 연재
2012.12-부산문인협회 50주년 인명사전 p252 송다인시인 등록
2012.12.30-부산시인협회 40년사-p411 한국시낭송회 연재
2012.겨울호-수필 (토암도자기 공원에서)-시와 수필사 연재
2013.3.1-詩(태극기가 유난히 펄럭거렸어요)
-제1회 스피치동화구연대회 축시 낭송
2013.4.1.-수필(레미제라블 명화감상)-기장사람들 독자마당 p23 연재
2013.여름호-수필(나라를 위한 정오의 기도)-시와 수필사 연재
2013,10.10--詩(독도1) -제3회 대한민국 독도문예대전 입선
2013.8.28.-송다인 시인 예술인 증명서 인증-한국예술인 복지재단
2013.12.2.-수필 (풍경):문학적 감수성 일깨우는
(수필창작)기장사람들 독자마당P23 연재
2013.12.3.-한국예술인 복지재단 주최, 부산문화재단 주관
(아트& 퍼스널 브랜딩 과정)수료증

예술인 취업지원교육 2013-43호(시인 송다인 예술로 배우고 예술로 일하기)
2013.12.4...한국시단 소개(송다인시인)詩(청포도)시평(황갑윤시인)
(일본동아연합신문 8면연재)
2013.겨울호-계간청옥문학 詩(영도다리,겨울서정,도령호수) P138연재
2014. 봄.제13시집(오늘에 충실하다) 상재함-평론(끝없는 시작, 생의 열기)
임종성 문학박사

청옥문선 39

오늘에 충실하다

송 다 인 시집

초판인쇄 | 2014년 3월 16일
초판발행 | 2014년 3월 21일

지은이 | 송다인
펴낸이 | 최경식
펴낸곳 | 도서출판 청옥문학사
기획처 | 문화마을

등록번호 제10-11-05호
사무실 | 부산시 동래구 명륜로 203-6
(금강빌딩 B동 2층)
전화 | 051-517-6068
E-mail | kyu500@hanmail.net

ISBN 978-89-97805-02-4
정가 | 10,000원